A LA BONNE MÈRE.

NOUVEAU RECUEIL

DE COMPLIMENTS

PROPRES A ÊTRE RÉCITÉS PAR DES ENFANTS

A L'OCCASION DES PROCESSIONS

EN L'HONNEUR DE LA SAINTE VIERGE.

MARSEILLE.

IMPRIMERIE & LIBRAIRIE Vᵉ P. CHAUFFARD

RUE DES FEUILLANTS, 20.

—

MDCCCLXVI.

NOUVEAU RECUEIL

DE COMPLIMENTS

A LA SAINTE VIERGE.

A LA BONNE MÈRE.

NOUVEAU RECUEIL

DE COMPLIMENTS

PROPRES A ÊTRE RÉCITÉS PAR DES ENFANTS

A L'OCCASION DES PROCESSIONS

EN L'HONNEUR DE LA SAINTE VIERGE.

MARSEILLE.

IMPRIMERIE & LIBRAIRIE Vᵉ P. CHAUFFARD

RUE DES FEUILLANTS, 20.

MDCCCLXVI.

A Notre-Dame de la Garde.

Vierge Marie, à celui qui t'implore
Tu n'as jamais refusé ton secours ;
Comme reine des cieux toi que le monde honore,
Écoute tes enfants, l'objet de tes amours.

Jeunes encor, l'orage gronde
Depuis longtemps autour de nous ;
Sur nous, hélas ! déjà le monde
Semble vouloir porter ses coups :
Et les méchants jaloux du bonheur que l'enfance
Puise dans l'amour de Jésus,
Voudraient nous ravir l'innocence
Et dans leur rangs nous voir tous confondus.

Marie, en toi nous avons tous confiance,
C'est toi qui veillera sur nous,
Toi dont l'amour égale la puissance,
Toi que tout l'univers invoque à deux genoux :
Et par ton secours, ô Marie,
Nous serons tous puissants et forts,
Et des méchants la rage impie
Ne fera que de vains efforts,

Du haut du ciel, Marie, entends notre prière,
Toi qui ne sais qu'aimer, supplier et bénir ;
Nous sommes tes enfants, montre-toi notre mère,
Sois notre espoir toujours, jusqu'au dernier soupir.

Un élève du Séminaire de St Sulpice.

En offrant une fleur

Bonne Marie,
Mère chérie,
Avec ma fleur
Reçois mon cœur

Tes petites enfants, sur la terre
Sont des boutons qui vont s'ouvrir,
Viens me bénir; ô bonné Mère !
C'est pour toi que je veux fleurir.

Bonne Marie
Mère chérie
Avec ma fleur
Reçois mon cœur.

En offrant une fleur.

Oh ! je t'aime, Marie,
De tout mon petit cœur ;
Je te donne ma vie,
Je te donne ma fleur.
Laisse moi la couronne
Des frères de Jésus,
O ma douce Madone,
Donne-moi tes vertus.

S. M. J.

En offrant des fleurs.

Comme il fait bon te prier, ô ma Mère,
Que de douceurs on goûte à vos genoux,

Oh! c'est bien vrai ! tous les bruits de la terre
N'arrivent pas, ma Reine, jusqu'à vous.
Recevez donc ma guirlande de roses,
Ces belles fleurs vous diront mon amour,
Pour vous, Marie, elles se sont écloses
    Gardez-les sans retour.

U. S. T.

A Marie, en lui offrant un bouquet (*)

Du plus riant soleil c'est la saison bénie ;
O Vierge ! laisse-moi te donner une fleur ;
Choisis dans mon jardin, choisis dans la prairie
Celle dont le parfum charme le plus ton cœur.

Tu mérites son choix, violette timide
Que j'aime à contempler le matin d'un beau jour,
D'une fraîche rosée encore toute humide,
Exhalant tes parfums et souriant d'amour.

Pourquoi fuir le soleil, pourquoi chercher la rive
Où le ruisseau murmure à travers les bosquets,
Et ces vergers qu'arrose une onde fugitive ?
Pourquoi tant rechercher les ombres des forêts ?

O fille du printemps, tandis qu'abandonnée
Tu dérobes ta gloire à l'œil admirateur,
Ton suave parfum souvent t'a révélée,
Quand le regard au loin cherche encore ta fleur.

Comme la fleur des bois, timide, humble, cachée,
O vierge, tu vivais à l'ombre de l'autel ;

(*) Cette pièce est un peu longue. On pourra en retrancher
plusieurs couplets, selon les fleurs qui composent le bouquet.

Mais Dieu te contemplait; son cœur t'a destinée
A régner désormais sur les anges du ciel.

Pour mieux charmer ton cœur t'offrirais-je la rose
Dont l'éclat est si pur et le parfum si doux ?
C'est la première fleur que nous voyons éclore,
C'est la plus belle aussi qui fleurit parmi nous.

De la rose surtout j'aime l'heureux symbole,
La charité du cœur, trésor mystérieux,
Aile qui nous protége et voix qui nous console ;
Reçois la rose, o Vierge elle est la fleur des cieux.

La charité, quel nom ! quand le pauvre soupire,
Elle accourt à sa voix, le matin et le soir,
Pour échanger ses pleurs contre un divin sourire,
En lui parlant du ciel, en lui laissant l'espoir.

Mon cœur, trouverons-nous une plus douce image
Des vertus de Marie... Amour humilité ;
Le plus riche bouquet qui pare le jeune âge
Quand il renferme aussi leur sœur la pureté.

Mais j'aime à voir le lys à sa première aurore,
Son pistil que n'a point souillé l'autan impur,
Que le baiser des cieux doucement fait éclore,
Qu'embaume le matin de son parfum si pur.

Son calice est pour moi ton gracieux sourire,
Vierge; en ton pistil d'or j'admire ta beauté :
Quand je le vois s'ouvrir au souffle du zéphyre,
Ce lys éblouissant me dit ta pureté.

Oui, je veux en ce jour je veux horner ta tête
De la plus belle fleur ; mais pour cet heureux choix,

Hésitant à t'offrir lys, rose ou violette,
Vierge dans mon amour, je te donne les trois.

Mère, daigne agréer cette triple couronne
Ou brillent la pudeur, l'humilité, l'amour;
Ma main veut te l'offrir et mon cœur te la donne,
Donne-moi des trois fleurs les vertus en retour.

Un élève du Séminaire de St. Sulpice.

En offrant un diadème.

Autour de vous qu'on vénére et qu'on aime,
Avec bonheur nous nous empressons tous:
Nous vous offrons un diadème :
C'est vous dire : « Régnez sur nous ».

AUDIFFRET.

En offrant une couronne.

O Vierge Marie,
Ma Mère chérie,
Accepte en ce jour
Cette humble couronne
Que mon cœur te donne
Avec son amour.
O Reine immortelle !
D'autres sur ton front
En déposeront
Quelque autre plus belle.
Ils uniront l'or,
La pourpre et la soie,
Le rubis encor

Dont l'éclat flamboie,
La perle, trésor
Qu'on arrache à l'onde,
Et le diamant
Qu'enfante Golconde.
Jamais cependant,
En fait de présent,
Vierge tutélaire !
Ils n'offriront rien
Qui puisse te plaire
Autant que le mien.
Car un cœur qui t'aime
Vaut plus à tes yeux
Que le diadème
Le plus précieux.

L'abbé BENOIT.

En offrant un cierge et une couronne.

O ma Mère, reçois mon cierge et ma couronne,
Et puis reçois aussi mon cœur rempli d'amour.
Pour jamais, ô Marie, à toi je m'abandonne
    Garde moi sans retour.
Cache bien dans ton cœur la famille que j'aime
Et sur elle répands tes plus douces faveurs,
Nos mains te pareront d'un brillant diadème,
Sèmeront à tes pieds les plus suaves fleurs.

S. M. J. T.

En offrant un cierge.

Vierge, quand ce flambeau devant ta sainte image
Décroîtra lentement par le feu consumé,

Souviens-toi de celui qui t'en offre l'hommage
Et répands ton amour dans son cœur embaumé !

L'abbé Benoit.

Même sujet.

Très-auguste Vierge,
Accepte ce cierge
Que t'offre ma main.
De mon cœur qui t'aime
Je veux que demain
Il soit un emblème
Devant ton autel.
Je veux qu'il y brille,
Comme dans le ciel
L'astre qui scintille
Devant l'Éternel.
Je veux qu'un nuage
D'agréable odeur
Monte avec lenteur
Devant ton image ;
Et que sur le soir
La mêche qui fume
Comme un encensoir
Enfin le consume
A la fin du jour
Comme moi l'amour.

L'abbé Benoit.

En offrant un cierge.

Que de l'amour, la vive et pure flamme,
Aimable Reine des cieux,

Rende plus belle à vos yeux,
Embrase toujours mon âme,
Et que devant l'Éternel
Elle soit, ô douce Vierge,
Pareille à cet humble cierge,
Qui va brûler à votre autel.

G. PIJOTAT

Un orphelin.

O bonne Mère !
En toi j'espère
Sois mon secours
Toujours.
Seul et sans espérance
Je cherchais un appui,
La douce Providence
Me le donne aujourd'hui.
Une Mère chérie
Vient calmer ma douleur,
C'est auprès de Marie
Qu'on trouve le bonheur.
O bonne Mère !
En toi j'espère
Sois mon secours
Et mon amour
Toujours.

X.

Un orphelin.

A peine j'essayais mes pas sur cette terre,
Que le ciel m'enlevait et ma mère et mon père :
Sans soutien, ici-bas, permettez qu'aujourd'hui
A la mère de tous je demande un appui ;

N'abandonnez jamais l'orphelin qui vous prie,
Et qui vous aimera toujours, Vierge Marie !

B. POUJOULAT.

Un petit orphelin.

Je me jette à tes pieds, compatissante Mère,
Ah ! ne repousse pas un petit orphelin,
Quoique bien jeune encore, il est seul sur la terre,
Et vivant de douleurs, le pauvre solitaire
Va fléchir sous le poids de son cruel destin.
Reçois donc ce bouquet, gage de ma tendresse,
Adopte-moi, Marie ! et mon cœur plein d'amour
Ne battra que pour toi, je t'en fais la promesse,
C'est un second bouquet que je t'offre en ce jour.
    Mais si, dans la souffrance,
    Je mets mon espérance
    A t'adresser mes pleurs ;
    Au jour de l'agonie
    Douce et bonne Marie.
    Souviens-toi de mes fleurs.

DE C***

Un enfant guéri.

    Merci, bonne Marie,
    D'avoir sauvé mes jours,
    Merci, Mère chérie,
    Je t'aimerai toujours.
Sur mon berceau, dit-on, la mort jetait son voile,
Ma mère était en pleurs et j'étais enlevé,
Lorsque pour mon salut apparut une étoile,
La mort se retira et l'amour m'a sauvé.

3.

Merci, bonne Marie
D'avoir sauvé mes jours,
Merci, Mère chérie,
Je t'aimerai toujours.

X.

Un enfant guéri d'une grave maladie.

Douce patronne de l'enfance,
Daigne écouter ma faible voix
C'est un chant de reconnaissance
Que je veux t'offrir cette fois.

Déjà s'étendaient sur ma tête
Les ombres froides du trépas ;
Mais près de moi, ma mère inquiète
En pleurant t'invoqua tout bas.

Et ta main toujours tutélaire
Versa le baume bienfaisant,
Tu séchas les pleurs de la mère
En lui conservant son enfant.

Ainsi chaque jour, ô Marie !
Protége-moi, sois mon soutien,
Dans les épreuves de la vie
Près de ton cœur garde-moi bien.

JEANNE S***

Une petite fille.

On m'a dit que j'étais un ange,
Que vous écouteriez ma voix,
Et j'abandonne ma phalange,
Pour vous parler en ce beau mois.

Je viens vous confier mon père,
Étendez sur lui votre main,
Puis, je vous consacre ma mère
Semez des fleurs sur son chemin.

M.-J. S.-T.

Une petite fille qui s'appelle Marie.

Je porte votre nom, je m'appelle Marie,
Et j'accours à vos pieds pour les couvrir de fleurs,
Bénissez mes parents et que toute leur vie
S'écoule sans douleurs.

J. T.

Un tout petit enfant.

Pour te fêter chacun s'empresse,
Vierge, moi, ton petit enfant,
Je veux à ces chants d'allégresse
Unir aussi mon compliment,
Mais ce que je ne pourrais dire,
Tu sauras bien le deviner;
Et dans mon cœur si tu veux lire
Tu verras que je sais t'aimer.

JEANNE S***

Une jeune enfant se consacrant
à la Ste Vierge.

« Bien près de ton autel laisse-moi, bonne Mère,
« À toi me consacrer, aujourd'hui, pour toujours,

« Pauvre petit enfant, je n'ai que ma prière,
  « Mais je la ferai tous les jours... »

« Oui, je te le promets, et ne veux pour partage
« Que ton regard, ton cœur et ton doux souvenir,
« Mère de mon amour, reçois ici le gage,
  « Pour toi, je veux vivre et mourir ! »

Marie d'A***

Un enfant voué aux couleurs
de la Vierge.

Vierge, tout près de moi, tu veillais souriante
Et ta main de ma couche écartait les douleurs,
Quand ma mère, en alarme, à tes genoux, priante,
Me vouait, frêle enfant à tes douces couleurs.

Depuis je t'appartiens, ton amour me protége,
De tes dons maternels n'arrête pas le cours;
Que mon âme ait aussi la blancheur de la neige
Pour qu'à l'enfant Jésus je ressemble toujours !

Quand ton regard plus doux que des reflets d'opale
S'abaisse sur les fleurs qui parent tes autels,
Tu recherches du lys la couleur virginale
Et ta main le désigne à l'amour des mortels.

De ma vie à jamais qu'un lys soit le symbole,
En moi, fais-le fleurir, ô mère, le veux-tu ?
N'es-tu pas Reine au ciel, et pour prix d'une obole
Ne peux-tu me donner des trésors de vertu ?

Lorsque j'irai suspendre au pied de ton image,
En souvenir de toi ma tunique d'azur;
Je te dirai : Marie, avec ce faible hommage,
Garde mon jeune cœur pour qu'il soit toujours pur!

Fanny Bossy.

Pour un petit garçon.

O Vierge, permettez que sur votre passage,
Quand chacun vous adresse un souvenir pieux,
Un tout petit enfant obéissant et sage,
Élève aussi vers vous sa prière et ses vœux.

Mon cœur vous appartient; faites, ô tendre Mère,
Que toujours il soit bon et pur comme en ce jour,
Et que jamais le mal qui règne sur la terre
N'y vienne remplacer ces sentiments d'amour !

Conservez mes parents, soutenez ma faiblesse,
Veillez, du haut du ciel sur votre enfant soumis,
Et faites, qu'ici-bas, je sois digne sans cesse
D'avoir vous pour ma Mère et les saints pour amis !

B. POUJOULAT.

Pour une petite fille.

O Vierge et si douce et si bonne,
Vous, qu'on me donna pour patronne
Quand mes yeux s'ouvrirent au jour;
Vous dont une pieuse mère
Qui vous remplace sur la terre
Me fit d'abord, dans ma prière
Bégayer le nom plein d'amour !

Écoutez ma voix ingénue ;
Soyez pour nous la bien-venue ;
Votre sourire maternel
Qu'on aime tant sur ce rivage,
Dans ma faiblesse m'encourage
A vous parler, Reine du ciel !

4.

Protégez toute ma famille !
Que mon cœur de petite fille
Garde toujours sa pureté,
Pour que mon bon ange fidèle
Gardien de mon âme immortelle
Jamais ne voile de son aile
Son front saintement irrité !

B. POUJOULAT.

La fille d'un marin.

Patronne de la mer, Étoile tutélaire,
Vous, que jamais, dit-on, le cœur n'invoque en
[vain;
Accueillez, en ce jour, la fervente prière
Que dépose à vos pieds la fille d'un marin.

Je sais de quels dangers la mer est parsemée ;
Je sais combien son gouffre est noir et menaçant ;
Que de fois ai-je vu ma mère bien aimée
Pleurer, lorsque mon père, hélas ! était absent !

Ah ! lorsque sur les flots grondera la tempête,
Et que ma mère et moi nous prierons à genoux ;
Bonne Vierge, écartez le péril de sa tête
Et toujours sain et sauf ramenez-le vers nous !

B. POUJOULAT.

La fille d'un marin.

O toi que nous aimons, étoile de la mer !
Gracieuse Marie !

Protége sur les flots un père qui m'est cher,
    Bien plus cher que la vie.

Tu peu par ta bonté devancer son retour,
    O Vierge protectrice,
Mon cœur t'appellera dans un élan d'amour
    Mère consolatrice.

Ta voix sait dominer la voix de l'océan,
    Prend pitié de ta fille,
Et mon père bientôt sauvé de l'ouragan
    Reverra sa famille.

De C***

Plusieurs jeunes filles.

Voici des fleurs, des lys, des roses,
Toutes fraîches, à peine écloses,
Accepte-les, Mère, en ce jour ;
Ne sont-elles pas une image,
Un joyeux reflet de notre âge
Et pures comme notre amour ?
Oh ! quand viendra l'heure des larmes,
Tu sauras bien de nos alarmes
Vaincre le redoutable essaim ;
Tu sauras avec un sourire
Calmer notre cruel martyre
Et nous abriter sur ton sein.
Hélas ! tu vois notre détresse
Vierge ! donne-nous la sagesse,
La paix et la sainte pudeur,
Pour qu'un jour aux pieds de ton trône
Nous trouvions toutes la couronne
Que tu promets à la candeur.

De C***

Un petite fille pour son père malade en offrant un cierge.

Mère, pour te fêter, j'apporte mon offrande
C'est un beau cierge blanc, presque aussi grand que
[moi.
Jette sur moi les yeux, exauce ma demande ;
Mère, mon père souffre et n'espère qu'en toi,
Il souffre ; je le vois à ton joyeux sourire,
Tu m'entends, Vierge sainte, ah ! calme sa douleur
Et j'irais à tes pieds tous les jours te redire
Que je t'aime de tout mon cœur.

JOUVE.

Pour une mère malade.

Oh ! comprends ma douleur, douce Reine des anges
Pour attendrir ton cœur, je suis à tes genoux,
Veux-tu que sous mes pleurs je chante tes louan-
[ges ?
Veux-tu que je redise à tous ton nom si doux ?
Eh bien, Marie, eh bien ! rends-moi ma tendre mère,
J'ai besoin que sa main guide encore mes pas,
Oh ! rends-lui la santé, que la douleur amère
A mon amour ne la ravisse pas.

U. S. T.

Pour une première communiante.

Votre petit Jésus dans mon cœur jeune encore,
Va descendre bientôt pour la première fois,

Quand viendra ce beau jour ! quand viendra cette
                        [aurore !
De votre enfant, Marie, écoutez bien la voix
Préparez bien ce cœur qui sera la demeure
De celui qui jadis s'endormit sur vos bras,
Ornez-moi de vertus, Mère, jusqu'à cette heure
    Ne m'abandonnez pas.

S. T. D. V.

A Marie reine des anges.

Fiers de l'éclat qui t'environne,
Les chrétiens là haut forment ta cour,
O Marie ! et joyeux, tous autour de ton trône,
Ne cessent de chanter leur cantique d'amour.
Dans leur vive et joyeuse allégresse,
Te bénir, te louer, c'est là tout leur bonheur :
Et vers toi purs et saints leurs chants montent sans
                           [cesse
Comme un encens de la plus pure odeur.
Que je serais heureux, Marie, ô tendre mère,
Si je pouvais là haut, dans la céleste sphère,
Me joindre aux chérubins qui composent ta cour,
Et me mêler au chœur des anges
Pour toujours chanter tes louanges
Et toujours chanter ton amour.
Mais, hélas ! puisque sur la terre
Sans autre espoir que la prière,
Heureux ou malheureux je dois couler mes jours,
Fais qu'à ton divin fils je demeure fidèle,
Que j'imite ici-bas ce sublime modèle,
Et qu'à sa loi je reste attaché pour toujours.

Un élève du Séminaire St. Sulpice.

A Marie, mère de Dieu et des hommes.

Nous venons fléchir les genoux
Devant vous, mère, qu'on révére:
Mère de Dieu, priez pour nous,
Vous êtes aussi notre mère,

AUDIFFRET.

A Marie étoile de la mer.

Lorsque, bravant les flots fertiles en naufrages,
Le hardi matelot accourt du bord lointain,
Pour le conduire au port, à travers les orages,
Ne voile pas ton front, étoile du matin.

AUDIFFRET.

A Marie immaculée.

Dans cette fête magnifique,
Quand tous les cœurs montent vers vous,
Versez sur eux, rose mystique,
Versez vos parfums les plus doux.

AUDIFFRET.

A N.-D. du Sacré-Cœur.

Mère, depuis longtemps je cherchais en mon âme
Un nom qui répondit au besoin de mon cœur :
Enfin je l'ai trouvé, Vierge, je te proclame
Notre-Dame du Sacré-Cœur.

Bien d'autres rediront ta gloire et tes louanges,
Ton immense crédit, ta suprême grandeur,

Ah ! laisse-moi chanter avec les petits anges
  Notre-Dame du Sacré-Cœur.

Pour l'enfant qui connaît et savoure tes charmes,
Le ciel a réservé sa plus douce faveur :
Car n'a-t-il pas toujours pour essuyer ses larmes
  Notre-Dame du Sacré-Cœur !

Comme un refrain d'amour au séjour de la gloire
Oui, je répèterai ton nom trois fois vainqueur,
Après Jésus, à toi mon hymne de victoire,
  Notre-Dame du Sacré-Cœur!

MARIE D'A***

A N.-D. du Mont-Carmel.

O toi que la grâce environne,
Du Carmel auguste patronne,
Exauce, en ce jour solennel,
Et mes désirs et ma prière :
Prends-moi sous ta noble bannière,
O Notre-Dame du Mont-Carmel !

Celui qui revêt ta livrée
Marche dans la route assurée
Qui mène à la porte du ciel ;
Et l'orage jamais ne brise
L'humble fleur à ton ombre mise,
O Notre-Dame du Mont-Carmel.

O Vierge pleine de prudence,
Pour s'abriter, mon innocence
Cherche ton regard maternel !
N'es-tu pas de notre vallée
L'unique rose immaculée,
O Notre-Dame du Mont-Carmel !

Vierge entre les vierge bénie,
Tu portas la gloire infinie,
Du Rédepteur tu fus l'autel ;
Mais d'une sanglante rosée
Ton âme, un jour, fut arrosée...
O Notre-Dame du Mont-Carmel,

Au nom de ta douleur amère,
Veille sur moi, céleste Mère,
Réponds toujours à mon appel ;
Sur ce cœur à toi, sans partage,
Je placerai ta douce image.
O Notre-Dame du Mont-Carmel !

Fanny Bossy.

Pendant une épidémie.

O Mère, tu le vois, je suis bien jeune encore,
Ma vie à peine a vu sa première aurore,
    Et j'aime porter à l'autel,
Pour appeler tes soins sur ma pieuse enfance,
Les fleurs aux doux parfums, le lys de l'innocence,
    Gage d'un amour éternel.

Et déjà, sur mes jours ta main sème des charmes ;
Tu souris avec moi, tu partages mes larmes,
    Et tu m'es pleine de douceur :
A l'heure de la lutte, au fort de la tourmente,
Tu me sauves des flots d'une mer mugissante,
    Et ton aile abrite mon cœur.

Et cependant, tu vois, Mère chérie,
Un fléau sans remède accable ma patrie ;
    Partout la souffrance et le deuil :
Le courroux de ton Fils, allumé par nos crimes ;

Embrasse la cité, qui, pleurant ses victimes,
  N'est plus qu'un immense cercueil.

Rends-nous, rends-nous la paix et nos destins
                              [prospères ;
Vois-tu les fils trembler sur le sort de leurs pères,
  Tous se compter avec effroi,
Attendre en gémissant que le glas même sonne,
Ou le vent de mort, comme la fleur d'automne,
  Fuir au son triste du beffroi.

O Mère, tes enfants perdront-ils l'espérance !
Tes enfants à genoux plongés dans la souffrance,
  Le souvenir de tes bienfaits !
Sauve-nous, en ces jours de deuil qui nous menace
Fais aussi de ton Fils que la divine grâce
  Ne nous abandonne jamais.

G. PIJOTAT.

Pour la conversion des pécheurs.

Douce patronne de l'enfance,
O toi qui règnes sur les cœurs,
Vierge, on dit que sur l'innocence
Tu verses toutes tes faveurs :
A mes vœux montre-toi propice,
S'il en est que ronge le vice,
Que ta beauté ne touche plus,
Mère, à ces âmes trop coupables,
Rends les délices ineffables
Qu'on savoure auprès de Jésus.

G. PIJOTAT.

A MARIE
Protectrice de Marseille.

MARSEILLE.

Marseille espère en vous, ô puissante Marie !
Elle connait le cœur de la Reine des cieux.
Joyeuse, elle vous chante : heureuse, elle vous prie
Malheureuse, vers vous elle tourne les yeux.

MARIE.

Marseille ! dor en paix près de ta mer qui gronde,
Au milieu des trésors par tes soins amassés.
La Vierge qui t'est chère est la Reine du monde,
Et ses regards sur toi sont toujours abaissés.

L'abbé BENOIT.

A la Vierge de la Garde.

Lorsque du mont sacré que notre cœur vénère,
Pour bénir vos enfants vous descendez, ma Mère,
Et que, pour rendre hommage à la Reine des cieux,
Marseille se pavoise et prend un air joyeux ;
Quand les fleurs, la verdure en longs festons se tres-
[sent,
Quand sur votre parcours tous à l'envi se pressent,
Que de larmes de joie et de pieux transports
Naissent à votre vue et s'échappent alors !
Le riche et l'indigent, l'orphelin et la veuve,
Et l'âme qui fléchit sous le poids d'une épreuve,
Tous d'un commun élan dans ce bienheureux jour,

Vous adressent leurs vœux, leurs soupirs, leur a-
[mour,
Et vous les accueillez dans votre âme attendrie,
O Vierge-de-la-Garde, ô divine Marie !
Marseille le sait bien !... Aussi tous ses enfants
Veulent faire cortége à vos pas triomphants.
Ah ! si leur piété si filiale éclate
C'est qu'ils savent qu'au ciel, éloquente avocate,
Vous seule, pour que Dieu ne nous écrase pas,
Vous pouvez l'attendrir et retenir son bras :
Et que du haut du roc d'où votre œil les regarde
Sans cesse votre amour les protége et les garde !
Ma Mère! oh! qu'il m'est doux de prononcer ce nom!
De nos fautes toujours réclamez le pardon !
Marseille, en vous dressant un magnifique temple,
De son culte pour vous donne un visible exemple:
Sur elle consacrée à votre cœur divin,
Bonne Vierge, étendez votre puissante main,
Soyez l'arc de salut qu'avec joie on voit luire
Et le phare qui seul au ciel peut nous conduire !

B. Poujoulat.

TABLE DES MATIÈRES.

Fin de la Table.

Marseille.—Imp. Vᵉ P. Chauffard, rue des Feuillants, 20.